T0258467

ANOCHE CUANDO DORMÍA

ANTONIO MACHADO (Sevilla, 1875-Colliure, 1939) fue el más joven poeta de la Generación del 98. Su vida en Madrid y París le llevó a formar parte del círculo de destacados literatos como Rubén Darío, Miguel de Unamuno, Ramón María del Valle-Inclán o Juan Ramón Jiménez. Autor prolífico, se dio a conocer con el poemario *Soledades*, de marcado carácter modernista, en 1903. Unos años más tarde, en 1912, publicó uno de sus libros más populares, *Campos de Castilla*. Destacan también, entre otras obras, *Nuevas canciones* (1914) y *Páginas escogidas* (1917). Miembro de la Real Academia Española, se exilió en el pueblo francés de Colliure tras estallar la guerra civil española. Allí murió y allí está su tumba, símbolo del exilio republicano.

ANOCHE CUANDO DORMÍA

ANTONIO MACHADO

Selección de Sara Norat

POESÍA
PORTÁTIL

Anoche cuando dormía
soñé, ¡bendita ilusión!,
que una fontana fluía
dentro de mi corazón.

Di, ¿por qué acequia escondida,
agua, vienes hasta mí,
manantial de nueva vida
de donde nunca bebí?

Anoche cuando dormía
soñé, ¡bendita ilusión!,
que una colmena tenía
dentro de mi corazón;

y las doradas abejas
iban fabricando en él,
con las amarguras viejas
blanca cera y dulce miel.

Anoche cuando dormía
soñé, ¡bendita ilusión!,
que un ardiente sol lucía
dentro de mi corazón.

Era ardiente porque daba
calores de rojo hogar,
y era sol porque alumbraba
y porque hacía llorar.

Anoche cuando dormía
soñé, ¡bendita ilusión!,
que era Dios lo que tenía
dentro de mi corazón.

¿Y ha de morir contigo el mundo mago
donde guarda el recuerdo
los hálitos más puros de la vida,
la blanca sombra del amor primero,

la voz que fue a tu corazón, la mano
que tú querías retener en sueños,
y todos los amores
que llegaron al alma, al hondo cielo?

¿Y ha de morir contigo el mundo tuyo,
la vieja vida en orden tuyo y nuevo?
¿Los yunques y crisoles de tu alma
trabajan para el polvo y para el viento?

CONSEJOS

I

Este amor que quiere ser
acaso pronto será;
pero ¿cuándo ha de volver
lo que acaba de pasar?

Hoy dista mucho de ayer.
¡Ayer es Nunca jamás!

II

Moneda que está en la mano
quizá se deba guardar;
la monedita del alma
se pierde si no se da.

COPLAS MUNDANAS

Poeta ayer, hoy triste y pobre
filósofo trasnochado,
tengo en monedas de cobre
el oro de ayer cambiado.

Sin placer y sin fortuna,
pasó como una quimera
mi juventud, la primera…
la sola, no hay más que una:
la de dentro es la de fuera.

Pasó como un torbellino,
bohemia y aborrascada,
harta de coplas y vino,
mi juventud bien amada.

Y hoy miro a las galerías
del recuerdo, para hacer
aleluyas de elegías
desconsoladas de ayer.

¡Adiós, lágrimas cantoras,
lágrimas que alegremente
brotabais, como en la fuente
las limpias aguas sonoras!

¡Buenas lágrimas vertidas
por un amor juvenil,
cual frescas lluvias caídas,
sobre los campos de abril!

No canta ya el ruiseñor
de cierta noche serena;
sanamos del mal de amor
que sabe llorar sin pena.

Poeta ayer, hoy triste y pobre
filósofo trasnochado,
tengo en monedas de cobre
el oro de ayer cambiado.

¡Tocados de otros días,
mustios encajes y marchitas sedas;
salterios arrumbados,
rincones de las salas polvorientas;

daguerrotipos turbios,
cartas que amarillean;
libracos no leídos
que guardan grises florecitas secas;

romanticismos muertos,
cursilerías viejas,
cosas de ayer que sois el alma, y cantos
y cuentos de la abuela!…

Yo, como Anacreonte,
quiero cantar, reír y echar al viento
las sabias amarguras
y los graves consejos,

y quiero, sobre todo, emborracharme,
ya lo sabéis… ¡Grotesco!
Pura fe en el morir, pobre alegría
y macabro danzar antes de tiempo.

PARÁBOLAS

I

Era un niño que soñaba
un caballo de cartón.
Abrió los ojos el niño
y el caballito no vio.
Con un caballito blanco
el niño volció a soñar;
y por la crin lo cogía…
¡Ahora no te escaparás!
Apenas lo hubo cogido,
el niño se despertó.
Tenía el puño cerrado.
¡El caballito voló!
Quedóse el niño muy serio
pensando que no es verdad
un caballito soñado.
Y ya no volvió a soñar.
Pero el niño se hizo mozo

y el mozo tuvo un amor,
y a su amada le decía:
¿Tú eres de verdad o no?
Cuando el mozo se hizo viejo
pensaba: todo es soñar,
el caballito soñado
y el caballo de verdad.
Y cuando vino la muerte,
el viejo a su corazón
preguntaba: ¿Tú eres sueño?
¡Quién sabe si despertó!

RECUERDO INFANTIL

Una tarde parda y fría
de invierno. Los colegiales
estudian. Monotonía
de lluvia tras los cristales.

Es la clase. En un cartel
se representa a Caín
fugitivo, y muerto Abel,
junto a una mancha carmín.

Con timbre sonoro y hueco
truena el maestro, un anciano
mal vestido, enjuto y seco,
que lleva un libro en la mano.

Y todo un coro infantil
va cantando la lección;
«mil veces ciento, cien mil;
mil veces mil, un millón».

Una tarde parda y fría
de invierno. Monotonía
de la lluvia en los cristales.

Deletreos de armonía
que ensaya inexperta mano.

Hastío. Cacofonía
del sempitierno piano
que yo de niño escuchaba
soñando… no sé con qué,

con algo que no llegaba,
todo lo que ya se fue.

Huye del triste amor, amor pacato,
sin peligro, sin venda ni aventura,
que espera del amor prenda segura,
porque en amor locura es lo sensato.

Ese que el pecho esquiva al niño ciego
y blasfemó del fuego de la vida,
de una brasa pensada, y no encendida,
quiere ceniza que le guarde el fuego.

Y ceniza hallará, no de su llama,
cuando descubra el torpe desvarío
que pedía, sin flor, fruto en la rama.

Con negra llave el aposento frío
de su tiempo abrirá. ¡Desierta cama,
y turbio espejo y corazón vacío!

Y en la Sierra de Quesada;
«Vivo en pecado mortal:
no te debiera querer;
por eso te quiero más».

A UN OLMO SECO

Al olmo viejo, hendido por el rayo
y en su mitad podrido,
con las lluvias de abril y el sol de mayo,
algunas hojas verdes le han salido.

¡El olmo centenario en la colina
que lame el Duero! Un musgo amarillento
le mancha la corteza blanquecina
al tronco carcomido y polvoriento.

No será, cual los álamos cantores
que guardan el camino y la ribera,
habitado de pardos ruiseñores.

Ejército de hormigas en hilera
va trepando por él, y en sus entrañas
urden sus telas grises las arañas.
Antes que te derribe, olmo del Duero,
con su hacha el leñador, y el carpintero

te convierta en melena de campana,
lanza de carro o yugo de carreta;
antes que rojo en el hogar, mañana,
ardas de alguna mísera caseta,
al borde de un camino;
antes que te descuaje un torbellino
y tronche el soplo de las sierras blancas;
antes que el río hasta la mar te empuje
por valles y barrancas,
olmo, quiero anotar en mi cartera
la gracia de tu rama verdecida.
Mi corazón espera
también, hacia la luz y hacia la vida,
otro milagro de la primavera.

Soria, 1912

CAMINOS

De la ciudad moruna
tras las murallas viejas,
yo contemplo la tarde silenciosa,
a solas con mi sombra y con mi pena.

El río va corriendo,
entre sombrías huertas
y grises olivares,
por los alegres campos de Baeza.

Tienen las vides pámpanos dorados
sobre las rojas cepas.
Guadalquivir, como un alfanje roto
y disperso, reluce y espejea.

Lejos, los montes duermen
envueltos en la niebla,
niebla de otoño, maternal; descansan
las rudas moles de su ser de piedra

en esta tibia tarde de noviembre,
tarde piadosa, cárdena y violeta.

El viento ha sacudido
los mustios olmos de la carretera,
levantando en rosados torbellinos
el polvo de la tierra.
La luna está subiendo
amoratada, jadeante y llena.

Los caminitos blancos
se cruzan y se alejan,
buscando los dispersos caseríos
del valle y de la sierra.
Caminos de los campos…
¡Ay, ya no puedo caminar con ella!

Noviembre de 1913

Señor, ya me arrancaste lo que yo más quería.
Oye otra vez, Dios mío, mi corazón clamar.
Tu voluntad se hizo, Señor, contra la mía.
Señor, ya estamos solos mi corazón y el mar.

Allá, en las tierras altas,
por donde traza el Duero
su curva de ballesta
en torno a Soria, entre plomizos cerros
mi corazón está vagando, en sueños…

¿No ves, Leonor, los álamos del río
con sus ramajes yertos?
Mira el Moncayo azul y blanco; dame
tu mano y paseemos.
Por estos campos de la tierra mía,
bordados de olivares polvorientos,
voy caminando solo,
triste, cansado, pensativo y viejo.

Soñé que tú me llevabas
por una blanca vereda,
en medio del campo verde,
hacia el azul de las sierras,
hacia los montes azules,
una mañana serena.

Sentí tu mano en la mía,
tu mano de compañera,
tu voz de niña en mi oído
como una campana nueva,
como una campana virgen
de un alba de primavera.
¡Eran tu voz y tu mano,
en sueños, tan verdaderas!…
Vive, esperanza, ¡quién sabe
lo que se traga la tierra!

A JOSÉ MARÍA PALACIO

Palacio, buen amigo,
¿está la primavera
vistiendo ya las ramas de los chopos
del río y los caminos? En la estepa
del alto Duero, Primavera tarda,
¡pero es tan bella y dulce cuando llega!…
¿Tienen los viejos olmos
algunas hojas nuevas?
Aún las acacias estarán desnudas
y nevados los montes de las sierras.
¡Oh, mole del Moncayo blanca y rosa,
allá, en el cielo de Aragón, tan bella!
¿Hay zarzas florecidas
entre las grises peñas,
y blancas margaritas
entre la fina hierba?
Por esos campanarios
ya habrán ido llegando las cigüeñas.
Habrá trigales verdes,

y mulas pardas en las sementeras,
y labriegos que siempran los tardíos
con las lluvias de abril. Ya las abejas
libarán del tomillo y el romero.
¿Hay ciruelos en flor? ¿Quedan violetas?
Furtivos cazadores, los reclamos
de la perdiz bajo las capas luengas,
no faltarán. Palacio, buen amigo
¿tienen ya ruiseñores las riberas?
Con los primeros lirios
y las primeras rosas de las huertas,
en una tarde azul, sube al Espino,
al alto Espino donde está su tierra…

Baeza, 29 de abril de 1913

Los olivos grises,
los caminos blancos.
El sol ha sorbido
la calor del campo;
y hasta tu recuerdo
me lo va secando
este alma de polvo
de los días malos.

En un jardín te he soñado,
alto, Guiomar, sobre el río,
jardín de un tiempo cerrado
con verjas de hierro frío.

Un ave insólita canta
en el almez, dulcemente,
junto al agua viva y santa,
toda sed y toda fuente.

En ese jardín, Guiomar,
el mutuo jardín que inventan
dos corazones al par,
se funden y complementan
nuestras horas. Los racimos
de un sueño —juntos estamos—
en limpia copa exprimimos,
y el doble cuento olvidamos.

(Uno: Mujer y varón,
aunque gacela y león,
Llegan juntos a beber.
El otro: No puede ser
amor de tanta fortuna:
dos soledades en una,
Ni aun de varón y mujer.)

[…]

Hoy te escribo en mi celda de viajero,
a la hora de una cita imaginaria.
Rompe el iris al aire el aguacero,
y al monte su tristeza planetaria.
Sol y campanas en la vieja torre.
¡Oh, tarde viva y quieta
que opuso al *panta rhei* su *nada corre*,
tarde niña que amaba tu poeta!
¡Y día adolescente
—ojos claros y músculos morenos—,
cuando pensaste a Amor, junto a la fuente,
besar tus labios y apresar tus senos!
Todo a esta luz de Abril se transparenta;
todo en el hoy de ayer, el Todavía
que en sus maduras horas
el tiempo canta y cuenta,

se funde en una sola melodía,
que es un coro de tardes y de auroras.
A ti, Guiomar, esta nostalgia mía.

OTRAS CANCIONES A GUIOMAR

A LA MANERA DE ABEL MARTÍN Y JUAN DE MAIRENA

(Fragmentos)

¡Y en la tersa arena,
cerca de la mar,
tu carne rosa y morena,
súbitamente, Guiomar!

[…]

en el nácar frío
de tu zarcillo en mi boca,
Guiomar, y en el calofrío
de una amanecida loca;

[…]

asomada al malecón
que bate la mar de un sueño,
y bajo el arco del ceño

de mi vigilia, a traición,
¡siempre tú!
                    Guiomar, Guiomar,
mírame en ti castigado:
reo de haberte creado,
ya no te puedo olvidar.

[…]

Y te enviaré mi canción:
«Se canta lo que se pierde»,
con un papagayo verde
que la diga en tu balcón.

MAIRENA LEE Y COMENTA VERSOS
DE SU MAESTRO

Sé que habrás de llorarme cuando muera
para olvidarme y, luego,
poderme recordar limpios los ojos
que miran en el tiempo.
Más allá de tus lágrimas y de
tu olvido, en tu recuerdo,
me siento ir por una senda clara,
por un «Adiós, Guiomar» enjuto y serio.

De mar a mar entre los dos la guerra,
más honda que la mar. En mi parterre,
miro a la mar que el horizonte cierra.
Tú asomada, Guiomar, a un finisterre,

miras hacia otro mar, la mar de España
que Camoens cantara, tenebrosa.
Acaso a ti mi ausencia te acompaña.
A mí me duele tu recuerdo, diosa.

La guerra dio al amor el tajo fuerte.
Y es la total angustia de la muerte,
con la sombra infecunda de tu llama

y la soñada miel de amor tardío,
y la flor imposible de la rama
que ha sentido del hacha el corte frío.

Es una tarde cenicienta y mustia,
destartalada, como el alma mía;
y es esta vieja angustia
que habita mi usual hipocondría.

La causa de esta angustia no consigo
ni vagamente comprender siquiera;
pero recuerdo y, recordando, digo:
—Sí, yo era niño, y tú, mi compañera.

*

Y no es verdad, dolor, yo te conozco,
tú eres nostalgia de la vida buena
y soledad de corazón sombrío,
de barco sin naufragio y sin estrella.

Como perro olvidado que no tiene
huella ni olfato y yerra

por los caminos, sin camino, como
el niño que en la noche de una fiesta

se pierde entre el gentío
y el aire polvoriento y las candelas
chispeantes, atónito, y asombra
su corazón de música y de pena,

así voy yo, borracho melancólico,
guitarrista lunático, poeta,
y pobre hombre en sueños,
siempre buscando a Dios entre la niebla.

Yo voy soñando caminos
de la tarde. ¡Las colinas
doradas, los verdes pinos,
las polvorientas encinas!…
¿Adónde el camino irá?
Yo voy cantando, viajero
a lo largo del sendero…
—La tarde cayendo está—.
«En el corazón tenía
la espina de una pasión;
logré arrancármela un día:
ya no siento el corazón.»

Y todo el campo un momento
se queda, mudo y sombrío,
meditando. Suena el viento
en los álamos del río.

La tarde más se oscurece;
y el camino que serpea

y débilmente blanquea,
Se enturbia y desaparece.

Mi cantar vuelve a plañir:
«Aguda espina dorada,
quién te pudiera sentir
en el corazón clavada».

En estos campos de la tierra mía,
y extranjero en los campos de mi tierra
—yo tuve patria donde corre el Duero
por entre grises peñas,
y fantasmas de viejos encinares,
allá en Castilla, mística y guerrera,
Castilla la gentil, humilde y brava,
Castilla del desdén y de la fuerza—,
en estos campos de mi Andalucía,
¡oh, tierra en que nací!, cantar quisiera.
Tengo recuerdos de mi infancia, tengo
imágenes de luz y de palmeras,
y en una gloria de oro,
de lueñes campanarios con cigüeñas,
de ciudades con calles sin mujeres
bajo un cielo de añil, plazas desiertas
donde crecen naranjos encendidos
con sus frutas redondas y bermejas;
y en un huerto sombrío, el limonero

de ramas polvorientas
y pálidos limones amarillos,
que el agua clara de la fuente espeja,
un aroma de nardos y claveles
y un fuerte olor de albahaca y hierbabuena;
imágenes de grises olivares
bajo un tórrido sol que aturde y ciega,
y azules y dispersas serranías
con arreboles de una tarde inmensa;
mas falta el hilo que el recuerdo anuda
al corazón, el ancla en su ribera,
o estas memorias no son alma. Tienen,
en sus abigarradas vestimentas,
señal de ser despojos del recuerdo,
la carga bruta que el recuerdo lleva.
Un día tornarán, con luz de fondo ungidos,
los cuerpos virginales a la orilla vieja.

Lora del Río, 4 de abril de 1913

EL POETA RECUERDA LAS TIERRAS DE SORIA

¡Ya su perfil zancudo en el regato,
en el azul el vuelo de ballesta,
o, sobre el ancho nido de ginesta,
en torre, torre y torre, el garabato

de la cigüeña!… En la memoria mía
tu recuerdo a traición ha florecido;
y hoy comienza tu campo empedernido
el sueño verde de la tierra fría.

Soria pura, entre montes de violeta.
Di tú, avión marcial, si el alto Duero
adonde vas recuerda a su poeta,

al revivir su rojo romancero;
¿o es, otra vez, caín, sobre el planeta,
bajo tus alas, moscardón guerrero?

EL CRIMEN FUE EN GRANADA:
A FEDERICO GARCÍA LORCA

I

El crimen

Se le vio, caminando entre fusiles,
por una calle larga,
salir al campo frío,
aún con estrellas de la madrugada.
Mataron a Federico
cuando la luz asomaba.
El pelotón de verdugos
no osó mirarle la cara.
Todos cerraron los ojos;
rezaron: ¡ni Dios te salva!
Muerto cayó Federico
—sangre en la frente y plomo en las entrañas—
… Que fue en Granada el crimen
sabed —¡pobre Granada!—, en su Granada…

II

El poeta y la muerte

Se le vio caminar solo con Ella,
sin miedo a su guadaña.
—Ya el sol en torre y torre; los martillos
en yunque— yunque y yunque de las fraguas.
Hablaba Federico,
requebrando a la muerte. Ella escuchaba.
«Porque ayer en mi verso, compañera,
sonaba el golpe de tus secas palmas,
y diste el hielo a mi cantar, y el filo
a mi tragedia de tu hoz de plata,
te cantaré la carne que no tienes,
los ojos que te faltan,
tus cabellos que el viento sacudía,
los rojos labios donde te besaban…
Hoy como ayer, gitana, muerte mía,
qué bien contigo a solas,
por estos aires de Granada, ¡mi Granada!»

III

Se le vio caminar…
                    Labrad, amigos,
de piedra y sueño en el Alhambra,
un túmulo al poeta,
sobre una fuente donde llore el agua,
y eternamente diga:
el crimen fue en Granada, ¡en su Granada!

RETRATO

Mi infancia son recuerdos de un patio de Sevilla,
y un huerto claro donde madura el limonero;
mi juventud, veinte años en tierra de Castilla;
mi historia, algunos casos que recordar no quiero.

Ni un seductor Mañara, ni un Bradomín he sido
—ya conocéis mi torpe aliño indumentario—,
mas recibí la flecha que me asignó Cupido,
y amé cuanto ellas puedan tener de hospitalario.

Hay en mis venas gotas de sangre jacobina,
pero mi verso brota de manantial sereno;
y, más que un hombre al uso que sabe su doctrina,
soy, en el buen sentido de la palabra, bueno.

Adoro la hermosura, y en la moderna estética
corté las viejas rosas del huerto de Ronsard;
mas no amo los afeites de la actual cosmética,
ni soy un ave de esas del nuevo gay-trinar.

Desdeño las romanzas de los tenores huecos
y el coro de los grillos que cantan a la luna.
A distinguir me paro las voces de los ecos,
y escucho solamente, entre las voces, una.

¿Soy clásico o romántico? No sé. Dejar quisiera
mi verso, como deja el capitán su espada:
famosa por la mano viril que la blandiera,
no por el docto oficio del forjador preciada.

Converso con el hombre que siempre va conmigo
—quien habla solo espera hablar a Dios un día—;
mi soliloquio es plática con este buen amigo
que me enseñó el secreto de la filantropía.

Y al cabo, nada os debo; debéisme cuanto he escrito.
A mi trabajo acudo, con mi dinero pago
el traje que me cubre y la mansión que habito,
el pan que me alimenta y el lecho en donde yago.

Y cuando llegue el día del último viaje,
y esté al partir la nave que nunca ha de tornar,
me encontraréis a bordo ligero de equipaje,
casi desnudo, como los hijos de la mar.

1906

Esta luz de Sevilla… Es el palacio
donde nací, con su rumor de fuente.
Mi padre, en su despacho. —La alta frente,
la breve mosca, y el bigote lacio—.

Mi padre, aún joven. Lee, escribe, hojea
sus libros y medita. Se levanta;
va hacia la puerta del jardín. Pasea.
A veces habla solo, a veces canta.

Sus grandes ojos de mirar inquieto
ahora vagar parecen, sin objeto
donde puedan posar, en el vacío.

Ya escapan de su ayer a su mañana;
ya miran en el tiempo, ¡padre mío!,
piadosamente mi cabeza cana.

De lo que llaman los hombres
virtud, justicia y bondad,
una mitad es envidia,
y la otra no es caridad.

La envidia de la virtud
hizo a Caín criminal.
¡Gloria a Caín! Hoy el vicio
es lo que se envidia más.

–Nuestro español bosteza.
¿Es hambre? ¿Sueño? ¿Hastío?
Doctor, ¿tendrá el estómago vacío?
–El vacío es más bien en la cabeza.

Las abejas de las flores
sacan miel, y melodía
del amor, los ruiseñores;
Dante y yo –perdón, señores–,
trocamos –perdón, Lucía–
el amor en Teología.

DE MI CARTERA
(Fragmentos)

I

Ni mármol duro y eterno,
ni música ni pintura,
sino palabra en el tiempo.

II

Canto y cuento es la poesía.
Se canta una viva historia,
contando su melodía.

[…]

V

Prefiere la rima pobre,
la asonanca indefinida.

Cuando nada cuenta el canto,
acaso huelga la rima.

VI

Verso libre, verso libre…
Líbrate, mejor, del verso
cuando te esclavice.

VII

La rima verbal y pobre,
temporal, es la rica.
El adjetivo y el nombre,
remansos de agua limpia,
son accidentes del verbo
en la gramática lírica,
del Hoy que será Mañana,
del Ayer que es Todavía.

1924

¡Y esa gran placentería
de ruiseñores que cantan!
Ninguna voz es la mía.

Caminante, son tus huellas
el camino y nada más;
caminante, no hay camino,
se hace camino al andar.
Al andar se hace camino,
y al volver la vista atrás
se ve la senda que nunca
se ha de volver a pisar.
Caminante, no hay camino,
sino estelas en la mar.

Tengo a mis amigos
en mi soledad;
cuando estoy con ellos
¡qué lejos están!

Ya noto, al paso que me torno viejo,
que en el inmenso espejo,
donde orgulloso me miraba un día,
era el azogue lo que yo ponía.
Al espejo del fondo de mi casa
una mano fatal
va rayendo el azogue, y todo pasa
por él como la luz por el cristal.

ORILLAS DEL DUERO

Se ha asomado una cigüeña a lo alto del campanario.
Girando en torno a la torre y al caserón solitario,
ya las golondrinas chillan. Pasaron del blanco invierno,
de nevascas y ventiscas los crudos soplos de infierno.
                    Es una tibia mañana.
El sol calienta un poquito la pobre tierra soriana.

Pasados los verdes pinos,
casi azules, primavera
se ve brotar en los finos
chopos de la carretera
y del río. El Duero corre, terso y mudo, mansamente.
El campo parece, más que joven, adolescente.

Entre las hierbas alguna humilde flor ha nacido,
azul o blanca. ¡Belleza del campo apenas florido,
y mística primavera!

¡Chopos del camino blanco, álamos de la ribera,
espuma de la montaña
ante la azul lejanía,
sol del día, claro día!
¡Hermosa tierra de España!

ÚLTIMAS LAMENTACIONES DE ABEL MARTÍN

Hoy, con la primavera,
soñé que un fino cuerpo me seguía
cual dócil sombra. Era
mi cuerpo juvenil, el que subía
de tres en tres peldaños la escalera.

—Hola, galgo de ayer. (Su luz de acuario
trocaba el hondo espejo
por agria luz sobre un rincón de osario.)

—¿Tú conmigo, rapaz?
                                        —Contigo, viejo.

Soñé la galería
al huerto de ciprés y limonero;
tibias palomas en la piedra fría,
en el cielo de añil rojo pandero,
y en la mágica angustia de la infancia
la vigilia del ángel más austero.

La ausencia y la distancia
volví a soñar con túnicas de aurora:
firme en el arco tenso la saeta
del mañana, la vista aterradora
de la llama prendida en la espoleta
de su granada.
                    ¡Oh Tiempo, oh Todavía
preñado de inminencias!,
tú me acompañas en la senda fría,
tejedor de esperanzas e impaciencias.

                    *

¡El tiempo y sus banderas desplegadas!
(¿Yo, capitán? Mas yo no voy contigo.)
¡Hacia lejanas torres soleadas
el perdurable asalto por castigo!

                    *

Hoy, como un día, en la ancha mar violeta
hunde el sueño su pétrea escalinata,
y hace camino la infantil goleta,
y le salta el delfín de bronce y plata.

La hazaña y la aventura
cercando un corazón entelerido…
Montes de piedra dura
—eco y eco— mi voz ha repetido.

¡Oh, descansar en el azul del día
como descansa el águila en el viento,
sobre la sierra fría,
segura de sus alas y su aliento!

La augusta confianza
a ti, Naturaleza, y paz te pido,
mi tregua de temor y de esperanza,
un grano de alegría, un mar de olvido…

AL GRAN CERO

Cuando el *Ser que se es* hizo la nada
y reposó, que bien lo merecía,
ya tuvo el día noche, y compañía
tuvo el hombre en la ausencia de la amada.

Fiat umbral Brotó el pensar humano.
y el huevo universal alzó, vacío,
ya sin color, desustanciado y frío,
lleno de niebla ingrávida, en su mano.

Toma el cero integral, la hueca esfera,
que has de mirar, si lo has de ver, erguido.
Hoy que es espalda el lomo de tu fiera,

y es el milagro del no ser cumplido,
brinda, poeta, un canto de frontera
a la muerte, al silencio y al olvido.

CREPÚSCULO

Caminé hacia la tarde de verano
para quemar, tras el azul del monte,
la mirra amarga de un amor lejano
en el ancho flamígero horizonte.
Roja nostalgia el corazón sentía,
sueños bermejos, que en el alma brotan
de lo inmenso inconsciente,
cual de región caótica y sombría
donde ígneos astros, como nubes, flotan,
informes, en un cielo lactescente.
Caminé hacia el crepúsculo glorioso,
congoja del estío, evocadora
del infinito ritmo misterioso
de olvidada locura triunfadora.
De locura adormida, la primera
que al alma llega y que del alma huye,
y la sola que torna en su carrera
si la agria ola del ayer refluye.
La soledad, la musa que el misterio

revela al alma en sílabas preciosas
cual notas de recóndito salterio,
los primeros fantasmas de la mente
me devolvió, a la hora en que pudiera,
caída sobre la ávida pradera
o sobre el seco matorral salvaje,
un ascua del crepúsculo fulgente,
tornar en humo el árido paisaje.
Y la inmensa teoría
de gestos victoriosos
de la tarde rompía
los cárdenos nublados congojosos.
Y muda caminaba
en polvo y sol envuelta, sobre el llano,
y en confuso tropel, mientras quemaba
sus inciensos de púrpura el verano.

Papel certificado por el Forest Stewardship Council®

Primera edición: septiembre de 2020

© 2020, Penguin Random House Grupo Editorial, S. A. U.
Travessera de Gràcia, 47-49. 08021 Barcelona
© 2020, Sara Norat, por la selección

Printed in Spain – Impreso en España

ISBN: 978-84-397-3774-2
Depósito legal: B-8.133-2020

Compuesto en La Nueva Edimac, S. L.
Impreso en Reinbook Serveis Grafics, S. L.
(Polinyà, Barcelona)

R H 3 7 7 4 2

Penguin
Random House
Grupo Editorial